Oscar Enrique Correa Miranda
Nieves Maria Melo Miranda

Sistemas de gestão

Oscar Enrique Correa Miranda
Nieves Maria Melo Miranda

Sistemas de gestão

Software gratuito

ScienciaScripts

Imprint

Any brand names and product names mentioned in this book are subject to trademark, brand or patent protection and are trademarks or registered trademarks of their respective holders. The use of brand names, product names, common names, trade names, product descriptions etc. even without a particular marking in this work is in no way to be construed to mean that such names may be regarded as unrestricted in respect of trademark and brand protection legislation and could thus be used by anyone.

Cover image: www.ingimage.com

This book is a translation from the original published under ISBN 978-613-9-43344-5.

Publisher:
Sciencia Scripts
is a trademark of
Dodo Books Indian Ocean Ltd. and OmniScriptum S.R.L publishing group

120 High Road, East Finchley, London, N2 9ED, United Kingdom
Str. Armeneasca 28/1, office 1, Chisinau MD-2012, Republic of Moldova, Europe
Printed at: see last page
ISBN: 978-620-8-20747-2

RESUMO

CAPÍTULO I

NIEVES MARÍA MELO MIRANDA

Hoje em dia é necessário compreender que o mundo da gestão é um lugar verdadeiramente fascinante, onde podem ser tomadas decisões que influenciam diretamente as organizações. Neste sentido, hoje em dia faz-se referência a indicadores inteligentes, que permitem aos gestores tomar decisões coerentes que podem ser medidas e que têm um impacto positivo no desempenho da organização. Neste sentido, é necessário compreender que as empresas actuais necessitam de obter resultados concretos, uma vez que estão imersas em mercados em mudança, onde a tecnologia e a inovação definem o padrão de produtividade empresarial.

Fonte: https://infune.blogspot.com/ Sistema de recursos humanos.

Quando se trata de sistemas de gestão, é necessário compreender que os recursos humanos desempenham um papel fundamental no desenvolvimento das empresas e organizações, pelo que é essencial integrar um sistema de recursos humanos que tenha em consideração o nome da pessoa e o cargo que ocupa na organização. Este sistema de recursos humanos será capaz de armazenar o nome e a posição, para que quando for necessário poder ter disponível a tempo este recurso humano tão indispensável hoje em dia que quando se quer resolver um problema ou gerar um projeto se torna capital intelectual. O novo sistema está em plena ação, o que desencadeia uma série de aspectos positivos para aumentar a produtividade da organização.

Fonte: https://infune.blogspot.com/ Sistema de marketing.

É também necessário compreender que em qualquer empresa ou instituição, a importância de mostrar ou dar a conhecer aos outros o produto ou serviço que está a ser elaborado deve ser clara. Neste sentido, nesta investigação desenvolve-se um sistema para atender o departamento de marketing no qual se faz referência à campanha publicitária e ao tipo de atividade que se está a realizar, para que a partir de um nível de gestão se possa acompanhar o impacto que pode ter no nível de produtividade da instituição.

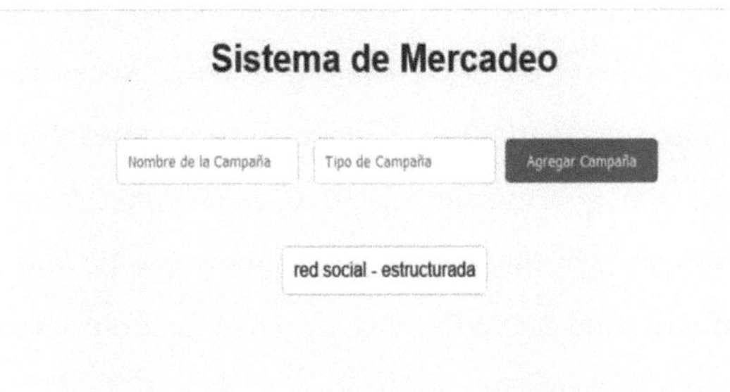

Fonte: https://infune.blogspot.com/ Sistema de Marketing.

É necessário compreender que muitas campanhas podem estar centradas no âmbito de uma rede social, mas se tentarmos desenvolver um sistema de gestão que incorpore ferramentas informáticas e matemáticas de apoio à liderança empresarial, a partir de um servidor local, isso pode ter um impacto importante nos motores de busca globais. Por um lado, estaria a cumprir a possibilidade de incorporar ferramentas de gestão no sistema de gestão global e, por outro, o nível de aceitação baseado na inovação tecnológica com carácter educativo e funcional poderia ter um impacto importante nos motores de busca globais, o que, por sua vez, permitiria o crescimento orgânico da rede ou do sistema de gestão.

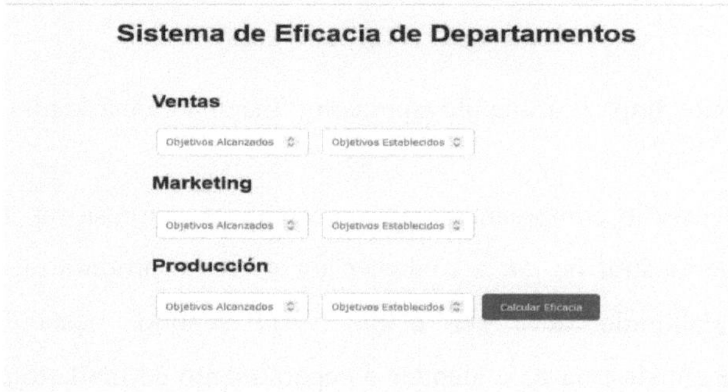

Fonte: https://infune.blogspot.com/ Departamentos do sistema de eficiência.

Neste exemplo, é desenvolvido um programa integrado no sistema de gestão, que permite estudar o nível de eficiência em três departamentos centrados nas vendas, na produção e no marketing. É necessário compreender que quando se está a desenvolver um sistema de gestão e existe uma motivação porque o conhecimento é baseado em linguagens de programação de alto nível, isso pode ter um impacto direto num elevado nível de eficiência em termos de produção de software pelo departamento de produção.

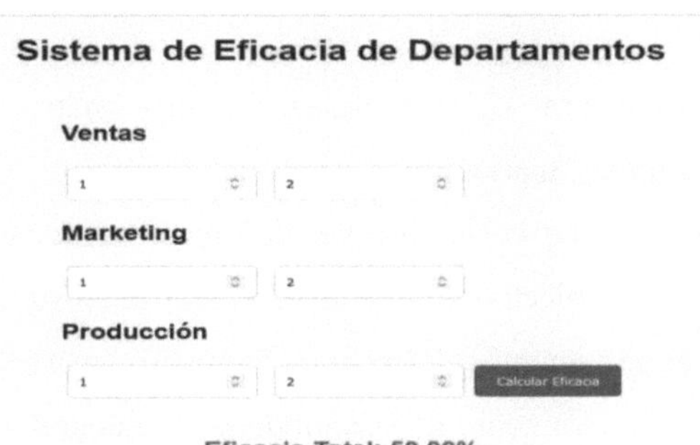

Fonte: https://infune.blogspot.com/ Departamentos do sistema de eficiência.

É necessário salientar que a incorporação deste tipo de calculadora num sistema de gestão é fundamental, uma vez que permitirá quantificar o nível de objectivos estabelecidos e quantos foram plenamente alcançados até ao momento. No exemplo prático dado anteriormente, revela-se uma eficiência de 50%, obviamente que quando 50% dos objectivos tiverem sido cumpridos, a eficiência será também da ordem dos 50%, o que é totalmente lógico e razoável, mas ao incorporar este sistema nos processos de produção, é possível ter em conta aqueles objectivos inteligentes que devem ser mensuráveis e alcançáveis durante um determinado período de tempo.

Matriz de Eficacia de Departamentos

Departamento	Objetivos Alcanzados	Objetivos Establecidos
Ventas		
Marketing		
Producción		

Calcular Eficacia

Fonte: https://infune.blogspot.com/ Matriz de eficácia departamental.

Neste caso, propõe-se um sistema baseado numa matriz que avalia os departamentos de vendas, marketing e produção tendo em conta o nível de eficiência, nesta tabela pode ver-se o nível de objectivos alcançados por cada departamento e quais os objectivos estabelecidos. Ter um sistema de gestão que tenha em conta os departamentos de recursos humanos, marketing, produção e vendas representa definitivamente a possibilidade de integrar os processos em que se desenvolvem actividades que podem ser qualitativamente boas mas que quantitativamente merecem um acompanhamento exaustivo semanal.

Matriz de Eficacia de Departamentos

Departamento	Objetivos Alcanzados	Objetivos Establecidos
Ventas	2	5
Marketing	2	5
Producción	2	5

Calcular Eficacia

Eficacia Total: 40.00%

Fonte: https://infune.blogspot.com/ Matríz eficacia.

Neste caso, ao executar a calculadora matricial, são tidos em consideração três departamentos, e a possibilidade de uma conformidade centrada em dois objectivos alcançados num total de cinco resulta num nível de eficácia de 40%. Neste caso, os três departamentos abordados para o objeto de estudo foram o marketing, as vendas e a produção, entendendo que atualmente as empresas e organizações se encontram na chamada sociedade do conhecimento, em que as interações ocorrem entre as pessoas numa questão de segundos e a fiabilidade numa empresa pode ser ganha ou perdida instantaneamente, ter 40% de eficácia nestes três departamentos seria obviamente necessário para manter a credibilidade das operações realizadas na empresa com base na honestidade, valores e altruísmo.

Para tentar promover um plano de ação que tenha em consideração novas ideias e tecnologias baseadas na inteligência artificial, no departamento de produção, sendo o caso de um sistema de gestão, devem ser progressivamente incorporados novos gráficos que conduzam a uma melhor análise da realidade que está a ser gerada em cada um dos departamentos da empresa.

A princípio, esses gráficos e estatísticas podem não ser de interesse de todo o público que acessa o sistema de gestão, no entanto, ao tentar promover uma apresentação para explicar os benefícios da integração de equações de números irracionais imaginários e matrizes em um sistema de gestão, esses gráficos podem ser de fundamental importância para que outras empresas entendam os esforços que estão sendo feitos a partir da integração do sistema de gestão. de um sistema de gestão que permite a expansão levando em consideração o uso progressivo da matemática e suas fórmulas.

Fonte: https://infune.blogspot.com/ Departamentos de relações.

Hoje em dia, quando se fala em indicadores inteligentes, estes devem ser possíveis, por isso nesta investigação é desenvolvido um sistema de gestão, que é montado num servidor Host local que interage com base de dados SQL, são executados programas tendo em conta PHP Java Script CSS e HTML. A integração deste sistema permite medir a eficiência dos departamentos internos tendo em conta os cálculos efectuados a partir da perspetiva matemática centrada nos números imaginários, irracionais e matrizes com base na medição dos vários processos nos departamentos de uma empresa que se dedica à produção de redes sociais.

Fonte: https://infune.blogspot.com/ Calculadora de equações complexas.

Neste caso, foi desenvolvido um modelo baseado no cálculo de equações complexas, em que se tenta comparar, por exemplo, o desempenho entre dois departamentos da empresa de redes sociais.

Este tipo de sistema permite aos gestores gerir matematicamente o desempenho efetivo de dois departamentos, no caso de uma rede social, é óbvio que deve ter um departamento responsável pelo marketing e outro pela produção de conteúdos.

Para criar uma equação com números imaginários e resolvê-la no contexto de um sistema de gestão, podemos considerar um exemplo prático. Suponhamos que estamos a analisar o desempenho de dois departamentos de uma empresa, em que cada departamento tem um desempenho representado por um número complexo.

Num sistema de gestão, esta equação pode ser interpretada como a combinação dos desempenhos de dois departamentos, em que a parte real (x) representa o desempenho tangível (por exemplo, as receitas) e a parte imaginária (y) pode representar factores intangíveis (por exemplo, a satisfação do cliente).

Sistema Gerencial de Números Complejos

Número Complejo z1:

2

Número Complejo z2:

3

Resolver

Suma: 5

Resta: -1

Multiplicación: 6

División: 0.6666666666666666

Fonte: https://infune.blogspot.com/ adição, subtração, divisão e multiplicação.

É necessário compreender que, hoje em dia, quando se trata de uma empresa que gera uma rede social, no âmbito dos objectivos inteligentes, deve ser estabelecido um objetivo de crescimento mensal, baseado em novos utilizadores para a rede. É por isso que é necessário gerar conteúdos inovadores a partir do departamento de criação de conteúdos, mas definitivamente o gestor do departamento de marketing tem de saber como ligar todos os conteúdos que estão a ser criados à rede social. As novas ideias são geradas para que novas ideias criativas possam ser trazidas para o mercado e isso aumenta o cumprimento da tabela de crescimento de utilizadores estabelecida na rede.

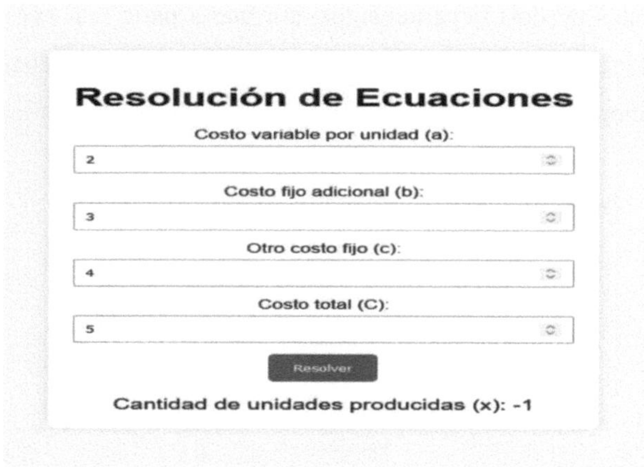

Fonte: https://infune.blogspot.com/ Unidades produzidas.

Atualmente, é necessário que qualquer sistema de gestão possa ter em conta as unidades produzidas durante cada mês. É por isso que nesta investigação foi desenvolvida uma série de calculadoras a partir de código de programação, que permite gerir e avaliar o custo em cada departamento da empresa, de modo a poder ter em conta as unidades que foram produzidas. O objeto de estudo estabelece um sistema de gestão, que incorpora o desenvolvimento e a implementação de um servidor, aplicações e calculadoras que permitirão definitivamente o estabelecimento de um modelo matemático que consegue quantificar os processos e as relações que ocorrem nos departamentos da organização através de números imaginários e irracionais e de matrizes.

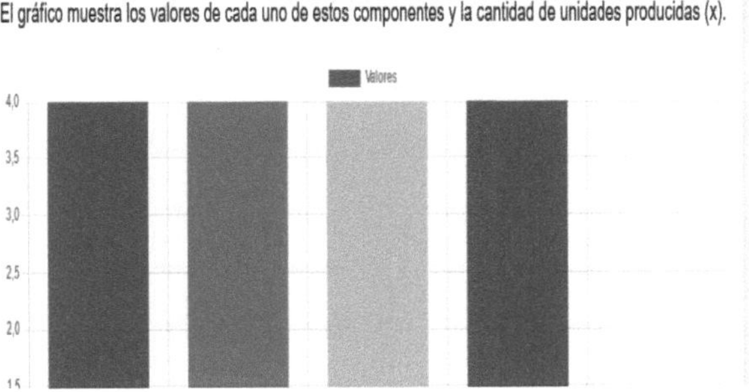

Fonte: https://infune.blogspot.com/ Valores das unidades produzidas.

É necessário compreender que este resultado final pode ser avaliado mensalmente por cada departamento, no caso em estudo uma rede social precisa definitivamente de começar a ver o crescimento dos seus utilizadores o mais rapidamente possível para poder estabelecer relações comerciais com outras empresas. No caso estudado, é desenvolvido um sistema de gestão que incorpora tecnologia de servidores, aplicações, bases de dados, programas e calculadoras, para dar suporte teórico e prático às actividades que se desenvolvem na instituição. No caso de uma universidade, existe obviamente um departamento de controlo de estudos, de recursos humanos, de gestão e outros. Em função destes, um registo do pessoal docente e administrativo pode ser mantido numa componente do sistema, que neste caso seria o sistema de recursos humanos.

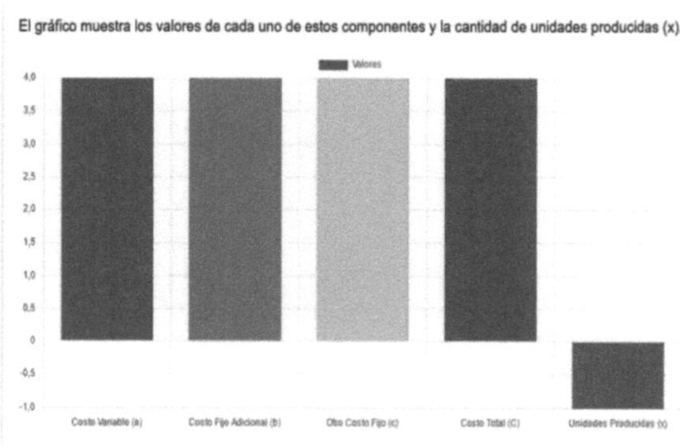

Fonte: https://infune.blogspot.com/ Valores dos componentes.

Neste caso, o objetivo é promover uma rede social com a integração de vários departamentos, que permita a integração de seguidores a nível mundial, mantendo um esquema de objectivos verdadeiramente alcançáveis. É necessário ter em conta algumas empresas de sucesso no mercado, em algum momento do desenvolvimento dos processos de produção pode ser uma referência importante a ter em conta.Na investigação foi possível desenvolver um modelo matemático, que permite calcular a eficácia, eficiência, relações dos departamentos, a intenção é incorporar tecnologias que permitam a longo prazo reduzir os custos e ser muito mais produtivo. É necessário compreender que a utilização da inteligência artificial, vem a ser um elemento importante para dinamizar os processos gráficos ou a simulação de eventos, o que permite ao nível da investigação compreender a importância de incorporar uma nova tecnologia e a sua possível aplicação.

Costo variable por unidad (a):

Ej. 5

Costo fijo adicional (b):

Ej. 10

Otro costo fijo (c):

Ej. 15

Costo total (C):

Ej. 100

Resolver

Fonte: https://infune.blogspot.com/ Resolução de equações.

Neste caso é necessário destacar que houve empresas de redes sociais que conseguiram atingir mais de mil milhões de descargas das suas aplicações, neste sentido é necessário destacar que partir de um esquema tradicional de servidor é algo importante mas pensando a curto prazo, no máximo um ano, na possibilidade de projetar a rede social para esquemas globais, então integrar definitivamente o esquema de aplicações nos processos de descargas globais em termos de sistemas Android e iOS deve ser uma prioridade realizável a curto prazo para todos os gestores de sistemas de gestão. O estabelecimento de um modelo matemático que permita o cálculo de equações e matrizes complexas e irracionais na organização permitirá compreender em profundidade as situações que se desenvolvem na organização a nível qualitativo, mas que, quando avaliadas a nível quantitativo, podem começar a acompanhar a sua evolução. Obviamente, esta tecnologia deve ser acompanhada por outros tipos de sistemas, que podem ser ligados ao desempenho de cada departamento, neste sentido, os recursos humanos, o marketing e a produção podem ter os seus próprios sistemas de acordo com as suas necessidades.

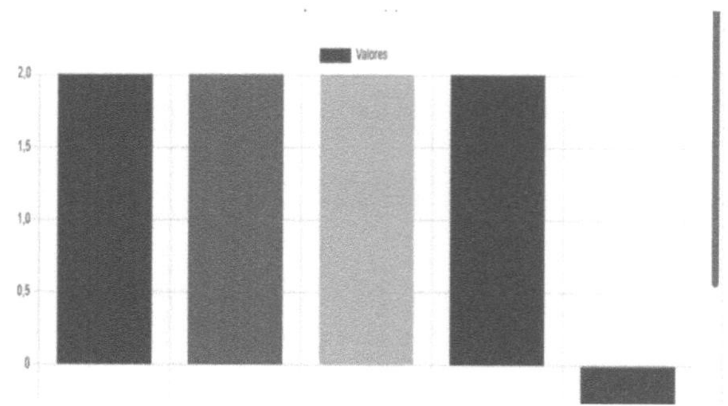

Fonte: https://infune.blogspot.com/ Unidades produzidas.

Definitivamente, quando uma aula sobre sistemas de gestão é dada na universidade, os participantes chegam com grandes expectativas, especialmente aqueles que estão em processo de formação como gestores de marketing, administrativos ou empresariais. Neste sentido, é necessário dar as asas que eles desejam a todos os alunos ávidos de conhecimentos, e a primeira prioridade da aula deve ser tentar descobrir quais são as suas motivações. Quando se cria um servidor Localhost para desenvolver um sistema de gestão, os ficheiros podem ser acrescentados de forma contínua, para que os processos da organização possam ser melhorados diariamente. É necessário compreender que este sistema é executado a partir de um computador da organização que, quando configurado como servidor, pode suportar processos internos e externos. Para utilizar estas ferramentas matemáticas baseadas nos cálculos de números complexos, números irracionais e matrizes, que podem levar a avaliar a produtividade dos departamentos, as suas relações, eficácia e eficiência, a fim de avançar quantitativamente na gestão eficaz da organização.

Resolución de Ecuaciones

Costo variable por unidad (a):

| 2 |

Costo fijo adicional (b):

| 2 |

Otro costo fijo (c):

| 2 |

Costo total (C):

| 2 |

Resolver

Fonte: https://infune.blogspot.com/ Custo total.

É necessário compreender que também um líder empresarial pode encontrar-se na situação ou necessidade de implementar um sistema de gestão, o que pode motivar os trabalhadores a começar a cumprir os objectivos estabelecidos nos indicadores inteligentes. No caso de uma empresa focada no desenvolvimento de redes sociais, é necessário entender que deve incorporar pessoal focado na área de programação e design gráfico, que deve trabalhar em conjunto para atingir os objectivos definidos a nível de gestão, e que, sem dúvida, não deve apenas estar focada em ganhar novos utilizadores, mas ter as ferramentas necessárias disponíveis para envolver essas pessoas para usar a rede social diariamente, e assim a área de negócios financeiros pode crescer mais e mais a cada dia.

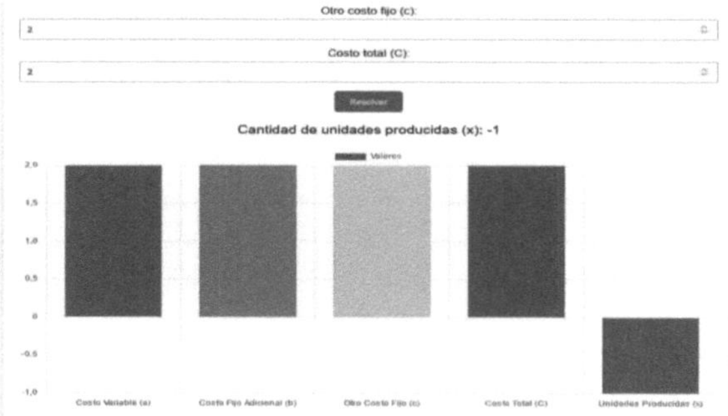

Fonte: https://infune.blogspot.com/ Custos e unidades produzidas.

É, sem dúvida, um desafio fascinante desenvolver um sistema de gestão para uma empresa tecnológica centrada nas redes sociais, que deve incorporar ferramentas de programação para quantificar todos os processos que estão a ser desenvolvidos nos departamentos da empresa.

Ao lecionar uma aula sobre o desenvolvimento de sistemas de gestão, deve ter-se em consideração a perceção dos participantes, uma vez que alguns deles podem ter ocupado cargos de gestão na área dos recursos humanos, finanças ou marketing.

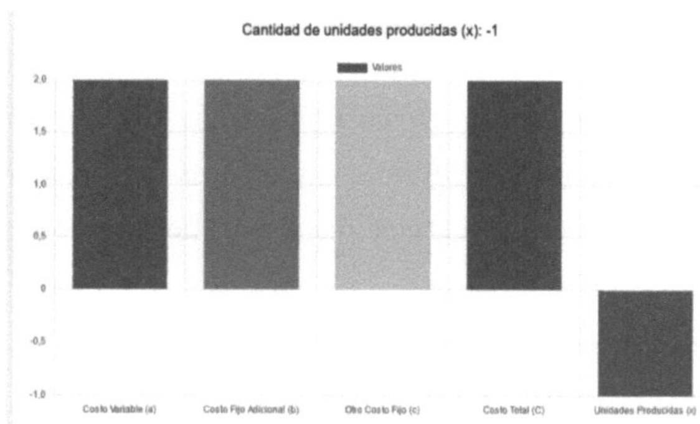

Fonte: https://infune.blogspot.com/ Unidades produzidas.

Neste sentido, é necessário compreender que qualquer líder de processo que esteja atualmente a tentar implementar métricas inteligentes deve compreender que a incorporação deste tipo de sistemas de gráficos permite que todas as partes interessadas e departamentos compreendam os processos que estão a decorrer. Definitivamente estabelecer indicadores que dêem relevância a curto prazo à rede social será algo fundamental, nesse sentido estabelecer uma infraestrutura tecnológica de hardware e software que permita desenvolver a integração de sistemas de inteligência artificial como o reconhecimento de voz é hoje um papel fundamental que sem dúvida vem a representar um elemento de interação de grande dinâmica para a rede social que será interpretado como algo positivo a partir do nível dos utilizadores. No objeto de estudo, é desenvolvida uma rede social que incorpora bases de dados estruturadas em SQL, nas quais serão geridas tabelas como comentários, utilizadores, mensagens e gostos.

Nombre	Fecha de modificación	Tipo	Tamaño
comments.sql	6/9/2024 1:54 a. m.	Archivo SQL	1 KB
index	6/9/2024 1:49 a. m.	Firefox HTML Doc...	1 KB
likes.sql	6/9/2024 1:54 a. m.	Archivo SQL	1 KB
messages.sql	6/9/2024 1:55 a. m.	Archivo SQL	1 KB
posts.sql	6/9/2024 1:53 a. m.	Archivo SQL	1 KB
register	6/9/2024 1:51 a. m.	Archivo PHP	1 KB
users.sql	6/9/2024 1:52 a. m.	Archivo SQL	1 KB

Fonte: https://infune.blogspot.com/ Sistema de gestão de bases de dados.

No objeto de estudo é construído um sistema a partir de um servidor Localhost com capacidade de armazenamento de 100 GB, infraestrutura que nos primeiros três meses de funcionamento do sistema de gestão permitirá aos utilizadores internos e externos realizar as suas diversas actividades. É criada uma base de dados SQL, porque a principal função do sistema de gestão é fornecer aos utilizadores ferramentas de gestão, que, quando implementadas de um ponto de vista prático utilizando equações e matrizes imaginárias e irracionais, permitem aos utilizadores desenvolver cálculos práticos para acompanhar indicadores inteligentes dentro das organizações e compreender o que está a acontecer nos seus departamentos de uma forma quantificável e lógica.

Registro

Nombre de usuario:

hola

Email:

s

Contraseña:

Registrarse

Fonte: https://infune.blogspot.com/ Sistema de gestão de correio eletrónico.

Do ponto de vista do Back End no sistema realizado com a linguagem de programação PHP, podem ser incorporadas ferramentas CRUD, que permitem criar, ler e atualizar dados dentro do sistema de gestão. O registo de passwords seguras dentro deste sistema de gestão é essencial, pelo que é implementada a função Password hash, que a partir da visão Back End do PHP confere maior segurança às passwords que os utilizadores guardam dentro do sistema de gestão. Quando se desenvolve um sistema de gestão que tem por base o desenvolvimento de aplicações e calculadoras matemáticas que efectuam cálculos com números imaginários, irracionais e matrizes, é possível dispor de ferramentas que, ao introduzir dados relativos a um departamento ou processo, permitem avaliar sistematicamente uma situação, ligada à eficácia, eficiência ou relações entre processos e departamentos.

Registro

Fonte: https://infune.blogspot.com/ Sistema de gestão de senhas.

A validação dos dados dentro do sistema tem um papel fundamental, pelo que é necessário validar a informação de login de cada utilizador. Por isso, é importante que os utilizadores possam introduzir no sistema um tipo de palavra-passe que combine iniciais maiúsculas, letras com números e símbolos, tentando assim promover uma utilização muito mais segura do sistema. É necessário incorporar no sistema de gestão os manuais do utilizador e do sistema. No primeiro caso, o foco está em tudo o que se relaciona com a abordagem teórica das pessoas que navegam na Internet ao sistema, que, em princípio, pode ser apresentado como uma rede social amigável que pode ser operada a partir da visão do objeto, ou seja, basta premir os botões no ecrã para começar a utilizar os serviços da calculadora apresentados na rede social.

Nombre	Fecha de modificación	Tipo	Tamaño
comments.sql	6/9/2024 2:09 a. m.	Archivo SQL	1 KB
index	6/9/2024 2:11 a. m.	Firefox HTML Doc...	1 KB
likes.sql	6/9/2024 2:10 a. m.	Archivo SQL	1 KB
messages.sql	6/9/2024 2:10 a. m.	Archivo SQL	1 KB
posts.sql	6/9/2024 2:09 a. m.	Archivo SQL	1 KB
register	6/9/2024 2:12 a. m.	Archivo PHP	1 KB
users.sql	6/9/2024 2:08 a. m.	Archivo SQL	1 KB

Fonte: https://infune.blogspot.com/ Sistema de gestão de arquivos.

Mas também é importante apresentar um manual de um sistema de redes sociais com uma abordagem de sistema de gestão, razão pela qual são apresentadas as capturas de ecrã de cada um dos ficheiros e bases de dados que compõem o sistema. Do ponto de vista do Back End, é necessário compreender que qualquer sistema de gestão com uma abordagem de rede social pode ser expandido de acordo com as inovações tecnológicas que estão a surgir na realidade. É importante estabelecer uma tríade matemática que forneça elementos quantitativos para a tomada de decisões através da utilização de calculadoras, que, quando integradas no sistema de gestão, permitirão ao líder dos processos tomar as medidas necessárias para melhorar a produtividade. Neste caso, as bases de dados SQL são tidas em consideração para manter um registo dos utilizadores do sistema e das suas actividades online.

Fonte: https://infune.blogspot.com/ Sistema de gestão de início de sessão.

É por isso que é necessário mostrar como entrar e registar-se no sistema, o que, do ponto de vista do Front End, é apresentado de forma amigável, para que os utilizadores se sintam completamente familiarizados com o sistema que estão a utilizar, para os motivar a registarem-se, o que seria ideal neste caso para aumentar o nível de utilizadores no sistema que se pretende promover.

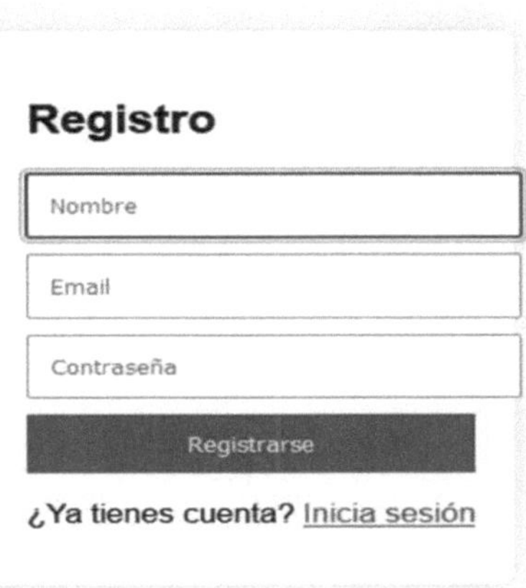

Fonte: https://infune.blogspot.com/ Registo do sistema de gestão.

Neste caso, o registo é representado pelo nome, e-mail e palavra-passe do utilizador, que serão armazenados numa base de dados SQL, dentro do servidor Localhost. Para garantir a utilização do sistema 24 horas por dia, é necessário ter em conta a rede eléctrica tradicional, mas também, a incorporação de painéis solares como fonte de energia alternativa é um elemento verdadeiramente fundamental para lhe dar a continuidade necessária que os utilizadores esperam a nível global. É necessário compreender que, ao desenvolver um sistema de gestão, tendo em conta um modelo matemático que integra números imaginários, irracionais e matrizes, é possível abordar as relações, a eficácia e a eficiência dos departamentos que compõem a organização. Compreendendo claramente que, ao adicionar aplicações que podem ser instaladas no telemóvel inteligente, é possível avaliar e efetuar cálculos a qualquer momento, como é feito quando é necessário tomar decisões, e quando se olha para os desenvolvimentos e gráficos, é possível ter uma melhor compreensão do que está a acontecer na organização.

Departamentos de Redes Sociales

Marketing
Responsable de la promoción y publicidad.

Contenido
Encargado de la creación y gestión de contenido.

Analítica
Se enfoca en el análisis de datos y métricas.

Fonte: https://infune.blogspot.com/ Departamentos de redes sociais.

Em muitas ocasiões tem-se observado em alguns sistemas financeiros a nível global, que quando o utilizador tenta aceder gera uma mensagem de que o servidor está em manutenção, no caso de uma rede social que implementa calculadoras para dar apoio à gestão de empresas e instituições, é necessário compreender que é sempre necessário ter uma cópia de segurança da informação num servidor na nuvem, para que quando for necessário restaurar o serviço possa ser feito de forma rápida e atempada.

Fonte: https://infune.blogspot.com/ Números complexos.

No desenvolvimento de um sistema de gestão com uma abordagem de rede social, é necessário compreender que podem estar envolvidos diferentes departamentos, tais como o de análise, o de conteúdos e o de marketing. No caso do departamento de análise, este irá recolher informações relevantes sobre as necessidades do mercado e, uma vez obtido um resumo importante, essas informações podem ser fundamentais para o desenvolvimento de novos produtos no âmbito da rede social com uma abordagem de sistema de gestão.

Fonte: https://infune.blogspot.com/ Desempenho do departamento de marketing.

No caso do departamento de marketing e do departamento de conteúdos, estes devem trabalhar em conjunto, uma vez que todos os sonhos que se estão a tornar realidade para os utilizadores devem ser divulgados através do departamento de marketing. Definitivamente, ao referir-se aos chamados indicadores inteligentes, o departamento de marketing pode fazer uma campanha bem sucedida com a utilização de imagens apoiadas por IA que estão no âmbito do conteúdo que está a ser desenvolvido nos programas. Assim, pode avaliar-se, por exemplo, que uma campanha bem sucedida nas redes sociais pode conduzir, no período de um ano, a cerca de 100.000 novos subscritores, sendo que ultrapassar esse objetivo seria algo que deveria ser celebrado por toda a organização. Neste caso, é elaborado um programa que incorpora o número de campanhas bem sucedidas no departamento de marketing, as campanhas falhadas, o alcance médio das campanhas e o envolvimento alcançado.

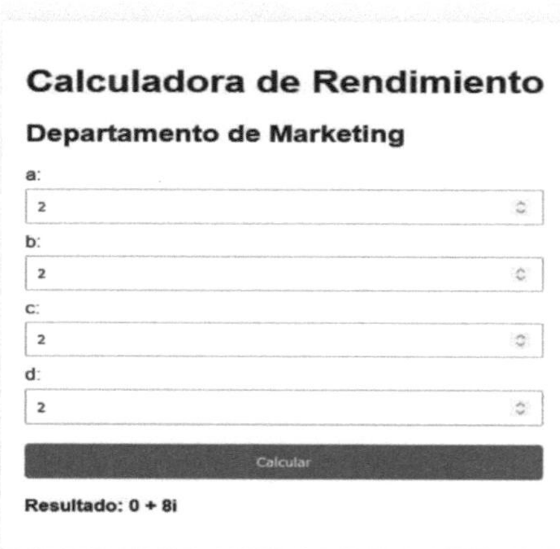

Fonte: https://infune.blogspot.com/ Desempenho do departamento de marketing.

No âmbito ou contexto de um departamento de marketing, podem ocorrer campanhas falhadas, mas que devem ser ultrapassadas o mais rapidamente possível. Nesse momento o departamento de conteúdos pode ajudar a contribuir para melhorar o que está a ser feito, neste caso específico ao tentar implementar a utilização de números complexos, números irracionais e matrizes, tentamos dinamizar a utilização da matemática para potenciar as actividades dentro das organizações e empresas, para que este elemento tão importante como a produtividade seja potenciado ao máximo. Neste caso, a resolução de um exercício prático centrado na área do marketing resultou em 0 + 8i, um valor que pode ser realmente importante, sobretudo se considerarmos i como a impressão positiva das pessoas e dos gestores para poderem tomar decisões práticas em termos da gestão das suas empresas ou organizações. Desta forma, é possível dar um contributo positivo com a utilização da matemática, aplicando cálculos imaginários tendo como referência determinadas escalas que permitem avaliar quantitativamente a perceção dos sistemas que estão a ser implementados na rede social em função de uma gestão eficaz e proactiva.

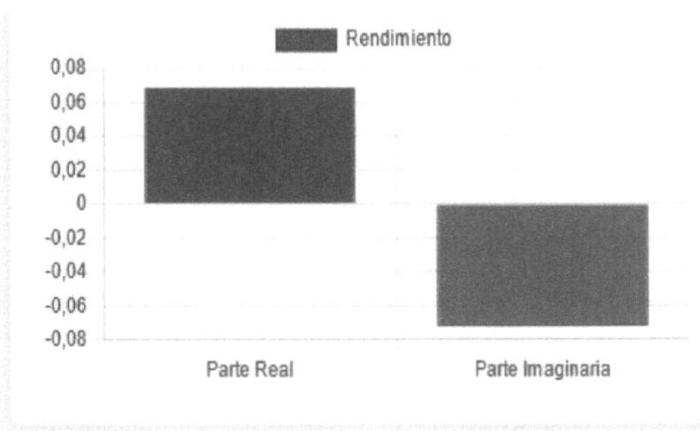

Fonte: https://infune.blogspot.com/ Departamento de conteúdos de desempenho.

Ao tentar desenvolver uma empresa focada nas redes sociais a partir de casa ou se tiver crescido e integrado departamentos, é necessário poder ter um departamento de conteúdos que seja eficiente, capaz de gerar conteúdos actuais para que as pessoas se sintam identificadas com a rede social. É necessário compreender que, no caso das redes sociais, a relação do conteúdo pode estar ligada à criatividade e, no caso de gerar conteúdo que se torne viral, pode ser muito mais eficiente do que uma centena de outros que mantêm um comportamento tradicional.

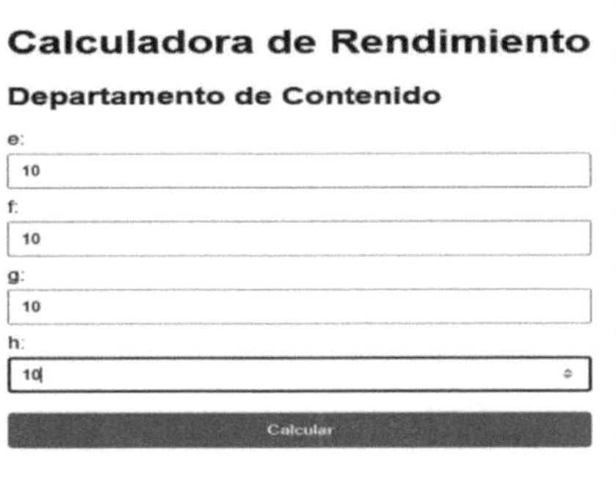

Fonte: https://infune.blogspot.com/ Departamento de conteúdos de desempenho.

Definitivamente, ao avaliar o departamento de conteúdos, quando se refere à quantidade de interações que o conteúdo obtém, sim, é definitivamente um elemento fundamental que deve ser tido em conta. Na medida em que um novo conteúdo gera mais interações, deve ser tido mais em conta, por exemplo, se for criado um modelo na rede social que permita às pessoas calcular números complexos e que dê bons resultados, não só pode ser mantido, como deve ser adicionada uma escala para avaliar os resultados de conteúdos imaginários ou cálculos que possam estar implícitos numa equação. Basicamente, o que devemos tentar fazer quando observamos um aumento das interações é encontrar uma forma de dar ao utilizador o que ele tem recebido de uma forma simplificada ou melhorada. Num sistema de gestão, é necessário ter em consideração todos estes aspectos quantitativos, que levam a dotar o gestor destas ferramentas matemáticas, para poder visualizar em tempo útil as circunstâncias de eficiência, eficácia e produtividade que se verificam nos serviços.

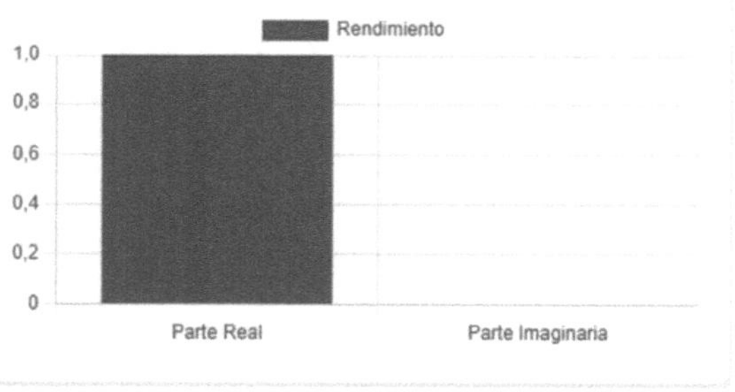

Fonte: https://infune.blogspot.com/ Departamento de conteúdos de desempenho.

Num departamento de geração de conteúdos para uma rede social, é importante ter em consideração o tempo em que se desenvolve uma determinada atividade, é necessário indicar que hoje em dia, com o surgimento da inteligência artificial, o que tradicionalmente se fazia com programação de objectos, hoje é simplesmente simplificado com uma instrução de voz ou com a introdução através do teclado de um prompt, o que representa a possibilidade de um processador neural, tradicional ou quântico poder interpretar uma instrução que está relacionada de forma escrita e convertê-la numa ou em muitas imagens. No que diz respeito à revisão do conteúdo que está a ser desenvolvido num departamento, é necessário compreender que isso pode levar algum tempo e, definitivamente, na medida em que são necessárias mais horas para rever um conteúdo, então, obviamente, a qualidade total do resultado final deve ser garantida. No entanto, se tivermos a capacidade de implementar novas tecnologias de inteligência artificial que permitam um maior nível de qualidade no resultado final, o tempo investido na revisão do conteúdo final será certamente reduzido proporcionalmente.

Fonte: https://infune.blogspot.com/ Sistema de eficiência.

A eficácia neste sistema de equações complexas estaria orientada para o desenvolvimento em HTML, Java Script, CSS, de modo a avaliar a eficácia de cada um destes programas no ambiente de aplicação do sistema de gestão, é necessário compreender que o CSS forneceria os estilos do sistema, o Java

Script permitiria o desenvolvimento das fórmulas e o HTML a configuração geral do sistema. Neste caso, ao resolver estes valores, o resultado seria 4,24, o que constituiria um valor imaginativo qualitativo que poderia ser associado à integração destes elementos de programação no sistema geral.

CAPÍTULO II

OSCAR ENRIQUE CORREA MIRANDA

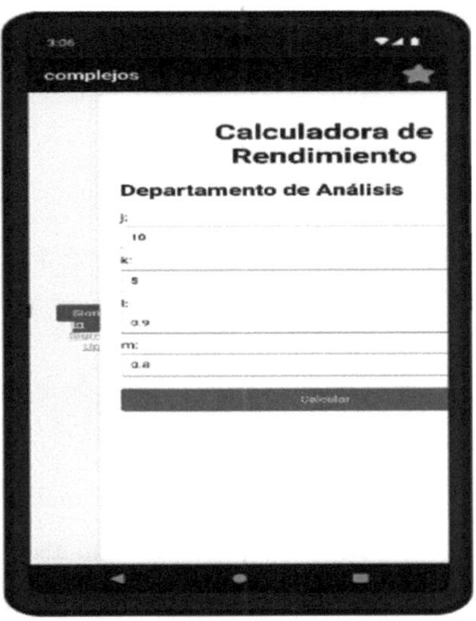

Fonte: https://infune.blogspot.com/ Análise do desempenho das aplicações.

Definitivamente, quando se tenta implementar um modelo matemático que integra equações complexas, irracionais e matrizes, está-se a desenvolver um esforço que visa apoiar os gestores e líderes empresariais na implementação adequada dos seus sistemas de gestão. Tendo em consideração o departamento de análise de redes sociais, devem ser avaliados os padrões de relacionamento existentes entre os utilizadores, podendo ser gerados relatórios que permitam a todos os utilizadores da rede social compreender o seu comportamento e interações com outros utilizadores e com a própria rede social.

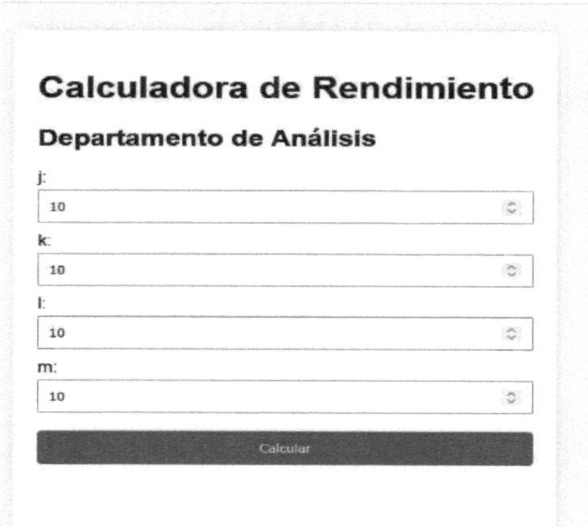

Fonte: https://infune.blogspot.com/ Departamento de análise de desempenho.

É necessário compreender que o departamento de análise de uma rede social deve manter as métricas associadas ao desempenho da aplicação, pelo que é necessário compreender que se o departamento de marketing está a desenvolver uma campanha publicitária para promover o conteúdo de inteligência artificial da rede social aplicado à matemática, então deve definitivamente gerar um resultado diretamente proporcional que tem a ver com a subscrição de pessoas ou empresas relacionadas com o tópico que está a tentar divulgar.

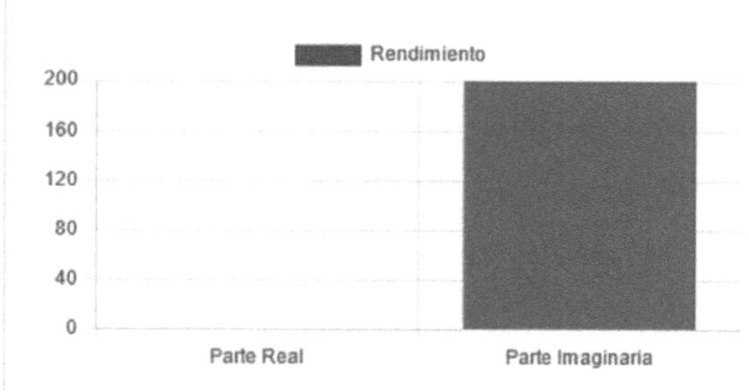

Fonte: https://infune.blogspot.com/ Gráfico de desempenho.

30

A precisão dos relatórios gerados pelo departamento de análise é realmente crucial, em muitos casos é necessário ter influência sobre os habitantes destes países desenvolvidos, para poder atrair clientes que possam potencialmente patrocinar as actividades que estão a ser desenvolvidas na rede social.

Neste sentido, seria essencial ter uma análise de todos os endereços IP que estão a aceder ao servidor, de modo a determinar quantos utilizadores estão a aceder a partir de países desenvolvidos ou em desenvolvimento.

Fonte: https://infune.blogspot.com/ Desempenho.

Em termos de rapidez de análise do departamento, é necessário compreender que, muitas vezes, o tratamento deste tipo de estatísticas de forma gráfica pode representar a possibilidade de efetuar uma análise muito mais rápida e aprofundada.

É agora necessário compreender que muitas redes sociais estão a tentar concentrar-se nos habitantes destes países desenvolvidos, que é teoricamente onde se encontram as grandes empresas que podem patrocinar campanhas publicitárias que são benéficas para o rendimento líquido da empresa, pelo que é imperativo não só analisar os endereços IP que estão a entrar no servidor principal, mas também ter a possibilidade de ter um programa que transforme estes endereços num gráfico que representa os diferentes continentes do planeta Terra, e que com diferentes tonalidades de cor mostrará por sua vez quantas pessoas estão a aceder a partir de cada um dos países.

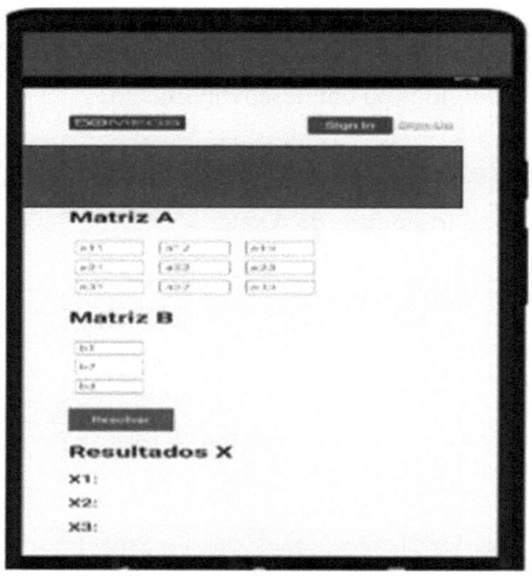

Fonte: https://infune.blogspot.com/ Matriz de equações da aplicação.

É necessário compreender as equações matriciais que se centram diretamente no cálculo multivariado. Neste exemplo, são abordados dois departamentos da rede social, que podem ser o conteúdo e o marketing. Teoricamente, à medida que as interações positivas baseadas no respeito, na comunicação e no desejo de progresso mútuo aumentam, os resultados destas matrizes devem ser muito mais elevados, indicando que a interação conduz a níveis mais elevados de produtividade.

Resolución de Ecuación Matricial

Matriz A

Matriz B

Resultados X

X1:

X2:

X3:

Fonte: https://infune.blogspot.com/ Matrix Equation.

É necessário compreender que, num cálculo matricial, não só podem ser abordadas as relações entre departamentos, como também pode ser representado o desempenho da interação entre departamentos. Como exemplo prático, pode ser expressa a relação entre o departamento de conteúdos e o departamento de marketing, quanto maior for o retorno obtido em teoria, mais campanhas publicitárias poderão chegar a um maior número de utilizadores, o que se reflecte em registos precisos dentro da rede social.

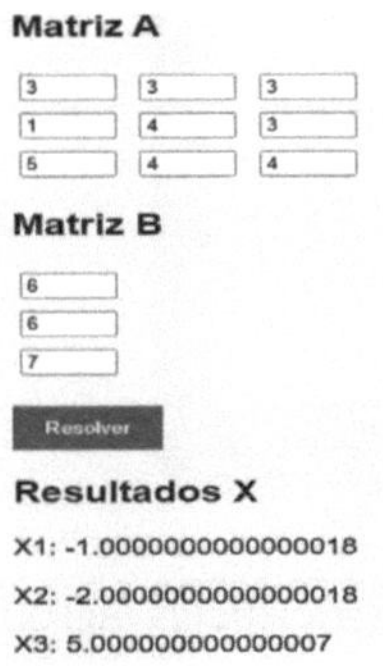

Fonte: https://infune.blogspot.com/ Matriz.

No que diz respeito aos resultados observados, a análise obtida a partir da entrada de diferentes utilizadores na rede social permitir-nos-á compreender em que medida o trabalho realizado conseguiu aumentar o alcance do público esperado a nível global. Neste caso, como resultado das interações, obteve-se o valor -1, em termos de desempenho -2 e o resultado final 5.Definitivamente, com base nesta análise, devem ser promovidas acções entre departamentos para aumentar o nível de interações que conduzam a um maior desempenho, mantendo os resultados obtidos ou, no melhor dos casos, tentando estabelecer ideias inovadoras para os aumentar ainda mais.

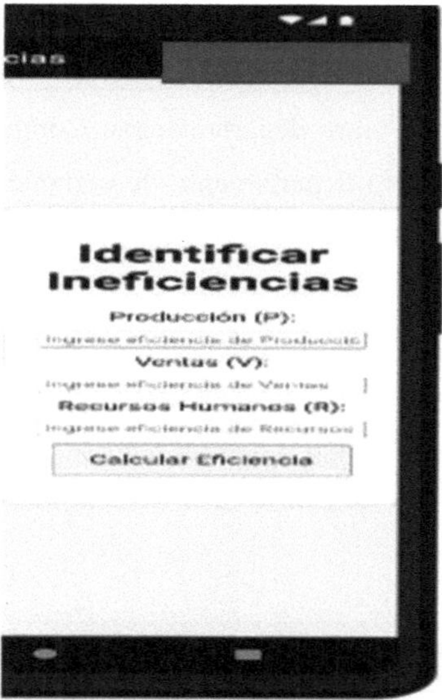

Fonte: https://infune.blogspot.com/ Ineficiências das aplicações.

No objeto de estudo é desenvolvida uma aplicação para identificar ineficiências em três departamentos centrados nas vendas, produção e recursos humanos, nesse sentido quando se está a desenvolver uma rede social de negócios tem obviamente um cliente interno que é representado pelo recurso humano, na medida em que este é treinado em novas tecnologias de informação e inteligência artificial, poderá obter melhores resultados em termos do produto final. É importante compreender que a rede social que está a ser desenvolvida com foco na integração de equações e aplicações matemáticas, embora não ofereça inicialmente um produto tangível diretamente para venda, procura sustentar as operações através das receitas especiais que podem advir da inserção de publicidade de uma empresa terceira na rede social.

Fonte: https://infune.blogspot.com/ Eficiência.

No que diz respeito ao departamento de produção do objeto de estudo, pode referir-se que a área centrada no design e na programação, por um lado, ao desenvolver novos designs mais apelativos e criativos, pode ajudar as pessoas a sentirem-se mais envolvidas ou a quererem interagir mais com o sistema ao longo do tempo. A área da programação, neste caso, centra-se no desenvolvimento de programas baseados em equações matemáticas, que conduzem à resolução de problemas nos diferentes departamentos de uma rede social. É necessário perceber que, neste caso, quando se fala em ineficiências no desempenho dos departamentos, quanto menores forem as perdas ou erros nos programas, menores serão definitivamente as ineficiências referidas. Neste exemplo prático, considerou-se o valor 22 para os departamentos de produção, vendas e recursos humanos, e os cálculos deram um resultado final de eficiência de 14,07. Definitivamente, quando nos referimos à eficiência, podemos destacar a relação que existe ao realizar as actividades desejadas, enquanto um elevado nível de eficácia pode determinar que as actividades estão a ser realizadas num curto período de tempo, maximizando assim a utilização das horas. Um nível aceitável de eficiência refere-se ao facto de os objectivos poderem ser atingidos progressivamente, de forma a poder dar uma resposta atempada aos clientes, que neste caso são todos os utilizadores que se ligam através do servidor na rede social.

Identificar Ineficiencias

Producción (P):

22

Ventas (V):

22

Recursos Humanos (R):

22

Calcular Eficiencia

La eficiencia total es: 14.07
Hay ineficiencias en el sistema.

Fonte: https://infune.blogspot.com/ Eficiência.

Definitivamente, em qualquer rede social que esteja a arrancar, é necessário aumentar ao máximo as vendas, pelo que é essencial que o departamento de vendas se relacione diretamente com o departamento de análise que gere as métricas centradas diretamente no impacto da rede social nos vários países do mundo. Neste sentido, existem hoje em dia empresas nos países desenvolvidos que oferecem teletrabalho a muitas pessoas a partir de casa, em alguns casos são chamadas empresas de serviços de trabalho online, nas quais as pessoas podem realizar diferentes actividades como traduções, programação ou simplesmente prestar serviço ao cliente via telefone. Neste sentido, uma rede social pode estabelecer um pequeno espaço publicitário para este tipo de empresas e assim desenvolver uma relação rentável. No caso de se estar a desenvolver uma rede social centrada em equações matemáticas suportadas por programas e aplicações, podem estabelecer-se relações com grandes redes sociais através do desenvolvimento de conteúdos multimédia que expliquem os benefícios da utilização desta rede social a nível estudantil, de gestão ou governamental.

Identificar Ineficiencias

Producción (P):

333

Ventas (V):

333

Recursos Humanos (R):

333

Calcular Eficiencia

La eficiencia total es: 54.74
El sistema está funcionando de manera óptima.

Fonte: https://infune.blogspot.com/ Ineficiências.

Neste caso, ao atribuir valores aos departamentos de produção, vendas e recursos humanos iguais a 333, a eficiência final obtida foi de 54,74, o que representa uma melhoria substancial relativamente ao exercício anteriormente resolvido. Neste caso, ao resolver esta equação irracional através deste programa, foi possível determinar que à medida que se aumentam os valores associados à produção, às vendas e aos recursos humanos, o nível de eficiência global obtido na rede social também pode ser aumentado proporcionalmente.Este tipo de cálculo permite-nos compreender que o departamento de produção está a gerar novos conteúdos que captam a atenção dos utilizadores, quando o pessoal está a ser melhor formado em torno das novas tecnologias para implementar programas que são eficazes, apelativos e, além disso, é possível estabelecer relações com empresas terceiras que contribuem positivamente para o desempenho da rede social. Nesse instante, será atingido um nível de eficiência mais elevado a nível global na rede social, o que, à partida, poderá traduzir-se num nível mais elevado de satisfação dos utilizadores, no número de novos participantes na rede ou simplesmente num aumento substancial do nível de registo de utilizadores estabelecidos na rede no curto prazo de um ano.

Fonte: https://infune.blogspot.com/ Eficácia.

Neste caso, é incorporada uma calculadora de eficiência no sistema de gestão, que permitirá medir as actividades realizadas em HTML, Java Script, CSS, neste caso, atribuindo um valor de 2 a cada elemento, obteve-se um resultado final de 4,24 de eficiência.

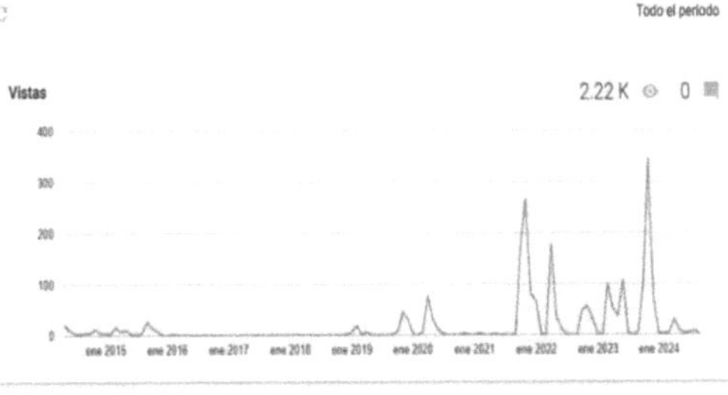

Fonte: https://infune.blogspot.com/ Vistas.

No ensino de sistemas de informação de gestão, é necessário tentar incorporar o maior número possível de sistemas em interação, uma vez que os participantes estão ávidos de conhecimentos de sistemas que lhes permitam gerir as instituições ou organizações que estão interessados em gerir ou que já gerem. Neste caso, foi-lhes atribuído um blogue, para que pudessem estudar cada uma das unidades estabelecidas no âmbito da visão de gestão dos sistemas que pretendem ensinar, desenvolvendo vídeos e imagens multimédia para tentar impactar os cinco sentidos dos alunos que acedem à informação. O contacto via WhatsApp permite não só a apresentação das listas de presença onde constam os alunos e o professor, mas também a possibilidade de apresentar estruturalmente, durante cada semana do curso, os trabalhos a realizar.

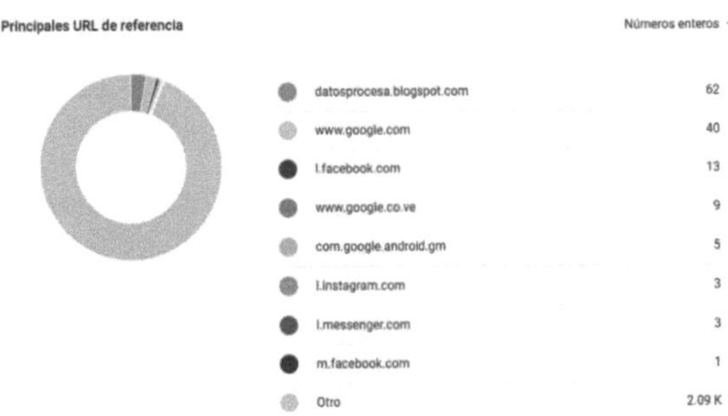

Fonte: https://infune.blogspot.com/ URL.

Neste caso, pode dizer-se que a confiança é conquistada, o que significa que, na medida em que os participantes observam que os conteúdos estão actualizados, incorporam ferramentas matemáticas e informáticas para uma possível utilização no mercado de trabalho, isso dá ao aluno a segurança necessária para sentir que o tempo que está a despender na unidade curricular de Sistemas de Informação de Gestão será, no final, totalmente válido, pois contribuirá positivamente para a sua efectiva formação profissional.

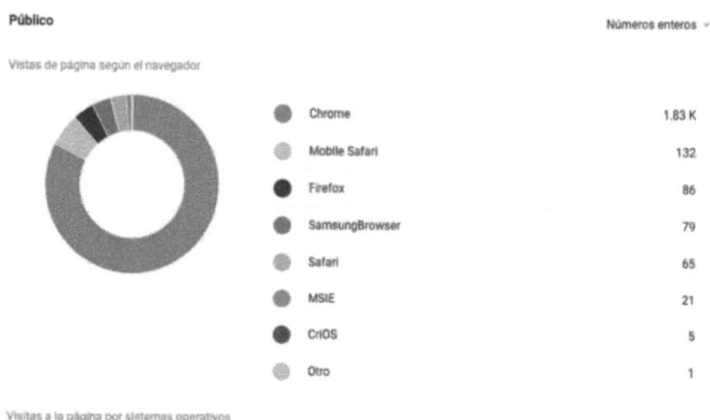

Fonte: https://infune.blogspot.com/ Sistemas operativos.

Em suma, desenvolver sistemas informáticos que tenham em consideração equações de números complexos, números irracionais e matrizes lineares é um projeto extremamente gratificante quer para os alunos da unidade curricular de sistemas de informação de gestão, quer para os líderes de empresas que necessitam de ferramentas tangíveis para poderem gerir as suas organizações de forma eficaz, tendo em consideração elementos quantitativos que lhes permitam transformar positivamente a realidade que observam nos diferentes departamentos que têm de gerir.Em suma, nesta investigação é possível determinar que é possível ter em consideração indicadores inteligentes, que, quando relacionados e avaliados na perspetiva de equações de números irracionais imaginários e matrizes, permitem aos diretores e gestores de instituições gerir as suas organizações de uma forma muito mais eficaz nos dias de hoje. O desafio de desenvolver um sistema de gestão na perspetiva de uma rede social é um compromisso verdadeiramente significativo que, nesta investigação, é concretizado através do desenvolvimento de um servidor local com a incorporação progressiva de tecnologia Java Script, HTML, CSS e PHP.

REFERÊNCIAS BIBLIOGRÁFICAS

IIPE UNESCO (2021). Usos de sistemas de informação no planejamento e gestão de políticas educacionais na América Latina. UNESCO

UNESCO (2021). Modernizar a gestão da educação através do EMIS: reforçar o sistema após a pandemia da COVID-19. UNESCO

Massón Cruz, R. M., & Torres Saavedra, A. R. (2009). Unesco, políticas e sistemas educativos nos países da região latino-americana. VARONA, (48-49)4

UNESCO (2021). Caracterização dos sistemas de informação educacional na América Latina. UNESCO

More
Books!

info@omniscriptum.com
www.omniscriptum.com
OMNIScriptum

Printed by Books on Demand GmbH, Norderstedt / Germany